JN440815

오늘의문학시인선 436

부칠 수 없는 편지

최자영 시집

오늘의문학사

국립중앙도서관 출판예정도서목록(CIP)

부칠 수 없는 편지 : 최자영 시집 / 지은이: 최자영. -- 대전 : 오늘의문학사, 2018
p. ; cm. -- (오늘의문학시인선 ; 436)

대전문화재단과 대전광역시에서 사업비 일부를 지원받았음
ISBN 978-89-5669-971-4 03810 : ₩9000

한국 현대시[韓國現代詩]

811.7-KDC6
895.715-DDC23 CIP2018041154

부칠 수 없는 편지

■ 서시

나의 시, 나의 사랑

어둠이 차지한 한 칸 내방
열사흘 달빛으로 불 밝히고
탈탈 털려 빈 가슴에
다시금 꽉 찬 당신

그리움으로 다스려 온
40여년 묻지 못했던 씨앗 하나
집념의 똬리를 틀고
너와 나 질긴 인연으로
되살아나는 풋풋한 마음

걸으며 달리며 상처투성이 아픔으로
곤두박질 쳐야 한 가랑잎의 슬픔
낭랑한 목소리로 반겨야 할
펄펄 끓는 나의 바다
마셔도 목마른 나의 하늘이여

1부 가을 편지

2부 소금이 되기 위해

3부 11월의 산

4부 단전 호흡

5부 나의 애송시

1부
가을 편지

내 안에 그대 있는 것 아닌가?

고향집 돌절구

눈짓으로 부르시는 어머니
인고로 다진 무게로 견고히 앉은 채
무거운 말씀으로 오만 시름 찧으며
속으로 타는 가슴
패인 주름살에 감춰 온
어머니의 질긴 삶

정작 버릴 걸 못 버리는
견고한 문명의 아집을 비웃고 있는가.
털면 털리고 밟으면 밟히는 나이
스스로 쌓은 절망에 부딪쳐
고향집 뒤뜰에 쓰러져 비를 맞는다.

가을 산에 올라

유리창 밖 풍경이 부르는 눈짓에
나도 모르게 밖으로 나선다.
푸르던 나무들이 어느새
울긋불긋 옷을 갈아입었다.
숲속의 향긋한 풀 냄새가 스며들어
단풍이 더 곱게 물들었다.

"날씨도 좋은데
건강 벌러 갈까요?"
나들이 가고 싶던 들뜬 가슴에
불을 댕기며
기운차게 친구를 불러낸다.

상쾌한 발걸음으로
길게 숨을 내 쉬며
산새처럼 흥겨운 노래를 부른다.
내 노래에 장단을 맞추어
나뭇잎은 손을 흔들고
산새들도 고개를 끄덕이며
날갯짓을 한다.

가파른 비탈길 숨이 차오르고
등골엔 땀이 흐른다.
그래도 끝없이 오른다.
지금껏 살아 온 날들처럼

바위에 걸터앉아
걸어 온길 돌아보니
형형색색 단풍든 나무숲이
아름답게 빛난다.
"그래, 맞아!
아름답게 살았어."
새로운 열정에
가슴이 뜨거워진다.

가을 편지

다 내어주고 허전한 나의 뜰에
햇살이 비춰든다면
작은 풀꽃에도 마음을 주고
온종일 가을 길을 서성이겠습니다.

그림엽서로 떨어지는 갈잎 위에
후드득 쏟아지는 가을 비
추위에 떠는 나뭇가지를 흔듭니다.

짧은 가을날
길과 그림자를 지우며
혼자 걷는 가을
멈춤 없는 시간 속의
사랑마저 지우고 있습니다.

온종일 서성이다 잃어버린 길
찾아 떠난 유예된 시간이
돌아올 기미는 보이지 않고
나는 지워진 사랑의 줄기를 잡아보려
실낱같은 꿈의 줄기를 놓지 못합니다.

시간의 그늘을 모두 지워도
내 가슴에 환하게 비추는
물빛이 있기 때문입니다,
사랑의 빛이 있기 때문입니다.

눈

차가운 미련들이 내린다,
온 세상을 삽시간에 덮어버리고
나의 슬픈 이력도 덮어버린다.

해를 보내고 바람에 시달린
꽁꽁 언 마음을 접으며
무거운 가슴을 쏟아놓는다.

겨울은 나에게 말한다.
"놓아버려"
"잊어야해"

울지도 못하는 나의 시어들이
가슴을 쥐어뜯으며
뿔뿔이 흩어져 날린다.

댄스

푸르게 살아나는 나무에
파르르 떨리는 나뭇잎
더 푸르게 살아나도록
밀고 당기며 출렁이는 물결
몸의 움직임너머 마음도 움직인다.

빨간 꽃들을 피우려
나무를 적시는 땀방울
점점 가벼워지는 몸으로
한바탕 추는 경쾌한 리듬
새가된다,
나르는 새가 된다.

들국화 1

7남매 자식사랑에
모두를 내어주고
부황 든 낮 달처럼
파리한 얼굴로
고개 내밀어 웃어주는
어머니.

몰래한 사랑

시원한 솔바람으로 머물겠다는 그대의 말씀
왜 이리 가슴이 설레는 것일까
거센 폭풍이면 휩쓸고 지나간 자리가
너무 아플 것 같아
미풍으로, 솔바람으로 서늘함을 주는
알 듯 모를 듯한 행복감에 마냥 취해봅니다.

강풍이 쓸고 지나간 자리가
허허벌판으로 남는다 해도
뜨겁게 몰아치는 폭풍을 원했던 젊은 날
그래요. 이제는 한줄기 추억으로 남을 정열의 꽃
가슴 한쪽에 깊이 묻을게요.
솔바람으로 감싸주세요.

사랑이란 말보다 강한 사모의 정.

무등산에 올라

절벽을 오르는 등산객의 뒷자락을 붙잡는다.
구름에 반쯤 얼굴을 내어주고
반은 숲에 맡긴 채
쓰러져 죽어도 좋다는 어느 시인의 말을 떠올린다.

봉오리마다 정기를 담고
흐르는 물에 손만 담가도 말갛게 죄가 씻겨나간다.
골짜기 마다 흐르는 물줄기
젖줄이 되어 희망을 쏟아낸다.

물줄기에 쉼표를 찍으며 걷다 바위에 앉아보면
더 무엇을 바랄까
돌기둥의 거대함 앞에
고개가 숙여져 혼자라는 쓸쓸함을 거둔다.

높은 하늘에 흐르는 구름과 같이 앉아
검게 솟아오른 돌기둥에 오늘을 새기며
모난 마음의 모서리가 둥글어지기를 바라며
꼭 쥔 손을 활짝 펴든다.

사랑

사랑은 마냥 기다리는 일
꽃으로 피기 전의 봉오리가 예쁘다.
사랑은 말하지 않아도 안다.
어느 날 문득 다가와
꿈이 된 사랑
사랑한 세월이 쌓여
고목이 되었을 때
비로소 뒤를 돌아볼 줄 아는
지혜로운 삶의 길
웃자라는 가지치기가 필요한 것.

부칠 수 없는 편지 2

단풍들기 시작하는 가을 숲을
가로질러 간다.
가을 비 내리는 우수의 숲을 지나면
새로운 희망의 태양이 다시 뜨리니

황금물결을 이룬 벼들
고즈넉한 고개 숙임이 예뻐
달리는 차, 입김 서린 창에
묵은 이름을 써본다.

창유리에 쓸 수 있는
이름이 있음은 얼마나 행복한 일이냐.

친구여
기억 속에 지워지지 않은
친구가 있다는 것은 참으로 다행한 일이다.
기억되는 이름과 얼굴과 표정과 미소까지
창에 어린다면 진정 고마운 일이다.

그러나
부칠 수 없는 편지를 쓰며
저린 아픔도 이제, 웃을 수 있으리니.

속도

골목골목을 누비다 겨우 찾아낸
길 한복판에서 문득 뒤돌아보니
지나온 길 까마득하네.

연착된 열 차안에서 서성이다 만 시간인 듯한데
어느새 65km로 달리게 되었는가.
스스로 택한 속도가 아닌
등 떠밀려 달려온 길, 그리고 가야할 길
"과속이야" 속에서 아우성치지만
어쩔 수 없이 내달려야 하는 일이 고달프다

꽃망울이 맺혔는가, 했더니 만개하고
바라보기 너무 아까워 눈을 반쯤 가리고 보려니
벌써 지고 그 자리에 새파랗게 돋아난 이파리
나무 밑 길 위엔 떨어진 꽃이 흘린
슬픔이 흥건하다.

시간은 나를 자꾸 끌고 가기만 하고
오묘한 순환의 법칙 앞에 대책 없이 맡긴
내 삶의 속도는 또 얼마나 빨라질까?

수수한 행복

행복을 오래 누리려면
레일처럼 적당한 간격을 두고
걸어가는 것입니다.

통하는 마음이라 해도
정신없이 다가서지는 마세요.
거리 없이 섞이지는 마세요.

세상인심은 내 맘 같지 않아
터무니없는 오해로
화살이 되어 돌아오기도 합니다.

분수에 맞지 않는 행복은
눈길이 가도 고개를 돌릴 수 있는
용기를 가지세요.

가까이 다가서지도
너무 멀어지지도 말고
레일처럼 걸어가는 것입니다.

앞치마의 변

나의 하루 시작은
옷 위에 덧입혀지는 것이다.
젖은 근심을 말리며
푸른 인정부터 싸 담는다.

정갈하게 차려진 아침상에
상큼하게 불러 온 바람자락에
펄럭이지 못하고 내 가난한 식탁의
한 귀퉁이에 조용히 걸린다.

아침 동트는 향기를 담은 채
과일즙 같이
달콤한 행복을 가만히 바라본다.

여름에 쓰는 멘트

보고픈 사람 그리운 사람
생각나는 비오는 날
함께 하는 여유를,
녹음 짙은 6월 숲을 바라보며
온통 기쁨이기를 희망합니다.

세상이 아름다운 건
사랑이 있기 때문
삶이 즐거운 건 친구가 있기 때문

늘 맞이하는 오늘이지만
오늘은 어제보다 더 행복해지길 바라며
사랑 안에서 여름을 맞이하시길 바랍니다.

아련해지는 지난 사랑이
다시 살아나는 간절함이
꽃으로 피어나는 6월 숲에서
산소처럼 되살아나는 믿음을 봅니다.
함께여서 행복합니다.

오늘

초저녁잠에서 깨버린 한밤중
막막해 하다가 글을 찾아 상상의 여행을 한다.
지금이 내게 주어진 행복한 시간 중의 하나

저녁을 먹지 않아도 배가 고프지 않은 시간
하늘에 드물게 반짝이는 별빛을 좇으며
나의 한가로운 시간은 더디게 흘러간다.

바라볼 수 있는 별이 있고
배고프지 않은 양분의 비축이 충분한 데
무엇을 더 바라면 욕심이지

서너 시간 쯤 남은 오늘
그리운 사람을 기다리는 마음의 슬픔도 축복인 밤
상상의 날개로 하늘에 띄워 올리고
시를 쓸 수 있는 시간에 나를 올인 한 행복한 밤이다.

파란색 안경을 쓰고 싶다

색안경을 끼고 거리를 걷는다.
붉은 벽돌색 담장과
색색의 가로수들이 더 짙게 보인다.
색안경을 끼면 대충대충 보일 줄 알았는데
온갖 욕망의 잔가지들이 보인다.

돈 많은 사람들의 검은 속도 보이고
점잖은 사람들의 비굴한 웃음도 보이고
수줍은 여인들의 앙큼함도 보인다.
보고 싶지 않은 아픔이나 슬픔까지 보이니
이걸 어쩌나

안경너머로 바라 본
검은 세상은 잘 보이지만
검은 안경알로 감추어진
사그라지는 내 모습은 들키지 않으리라
시간을 껴안고 영글어간 잔주름과 눈 밑의 그늘
두근거릴 줄 모르는 심장도 보이지 않으리니.

내게도 있었지.
눈이 아름답다던 한 사람의 얘기에
가슴 두근거릴 줄 알던 시절이
세상 무서운 줄 모르고
진탕 길도, 험준한 산맥도
겁 없이 덤비던 오만을
희망이라는 꿈 밭에 뿌릴 줄만 알았었지.

나이가 들면
보고도 못 본척 들어도 못들은 척
눈 감고 입 닫고 살아야 한다지.
이제 파란색 안경을 쓰고 싶다,
파란 세상만을 바라보고 싶다.

중학동 79번지

고향집 주위를 서성인다.
탱자울타리 너머 기역자 집
마당 한가운데 두레박 우물이 보인다.
정겨운 이름 "중학동 79번지"
여기쯤 저기쯤 가늠해 보니 즐겁다.

마당의 절반을 차지한 양계장 아버지의 연구소
인공부화에서 탈락된 곤달걀을 먹으며 커버린
우리 형제들
단백질 보충을 하며 건강하게 컸다.
닭똥 냄새 그립다.

뒤뜰의 고욤나무 우람한 둥치에 가지가 휘도록 열렸던
우리 간식의 보물단지
입안에 침이 고인다.
사정없이 뻗어가는 가지 때문에
나무 밑 둥이 잘리던 날
우리 7남매는
달디 단 간식을 먹을 수 없다는 생각에 울었다.

문지방을 넘어 한 칸을 더 내려가 있는 흙바닥 부엌
어머니 50년 손때가 묻은 대나무 시렁 위의 놋그릇들
자식들 공부를 위해 서울로 이사를 하게 되어
고물로 실려 나가며 얼마나 참담했을까,
어머니 그리워하며 기억 한 편에 묻어두고 꺼내본다.

코스모스 사랑

차마 하지 못한 말
까만 씨앗으로 받쳐 들고
파르르 몸을 떤다.

지고 있는 우리의 사랑
옛 사랑의 맹서
찬바람에 흔들린다.

너는 떠나고
파란 코스모스를 심자던 너의 염원
기억 속에 남아있는데
가을은 뼈만 남긴 채
훌훌 옷을 벗는다.

환상은 늘 구름처럼

혼미한 안개 속
별 하나 미궁 속으로 숨는다.
촉촉이 젖은 가슴 안에 묻어 둔
일렁이는 슬픔의 뿌리
버리지 못한 채 깊은 잠에 빠지다.

언젠가는 잠에서 깨어
물고가 트이길 기다리며
알몸의 하루를 내보인다.
안개가 알몸을 가려주고
숱한 아픔을 땅에 묻는다.

둥둥 떠도는 추억의 올실
돌아서야할 발길을 자꾸 붙잡고
환상은 늘 구름처럼 황홀해
긴 여정에 종지부를 찍을 수 없다.

활화산, 김호연재

울타리 안에서 늘 밖은 바라보며
현실의 벽을 허물고
뛰쳐나가려 소리치던 여인의 길은
선인의 삶을 꿈꾸는 활화산이었다.

회덕 송촌마을 명문가의 열린 분위기 속에서
자유로운 2000여 편의 시를 남기다.
거역하기 어려운 벽들과 부딪치며
도도히 걸어간 한시의 선구자

끓는 피의 흐름을 어쩌지 못해
현실의 고뇌를 동기간의 그리움으로 쏟다.
42세 짧은 생애를 마감하다.

시대적 한계를 뛰어넘어
자유로운 시 세계를 열어나간,
평범한 생활을 거부한 지성
오늘의 여성사에 찬란한 빛을 남기다.

2부
소금이 되기 위해

꿰어도 끝이 없는 구슬목거리처럼,
걱정은 끝이 없이 이어진다.

구슬을 꿰며

부질없는 걱정을 꿰며 산다.
어려운 산길을 헤매거나
시험장에 늦게 나타나거나
흙탕물을 보거나
고향집과 부모님을 만나거나
늘 걱정으로 좌절의 끝을 허우적이다
꿈에서 깨어 안도의 숨을 쉰다.

그칠 줄 모르는 빗소리에
창 밖에 시선을 주어보지만
꿰어도 끝이 없는 구슬목거리처럼,
걱정은 끝이 없이 이어진다.
잡초처럼 자란다.

거울을 보며

잠 설친 별들과 함께
밤 새 뒤척인 불면
새벽이 거는 시동 소리에
사랑스런 희망으로 깨어난다.

아침마다 꿈의 눈빛으로
거울을 닦는다.
빛으로 태어난 희망줄기로
상채기진 가슴 씻어내면
밤의 어둠에서 빠져나와
서로를 지켜주는 얼굴과 만난다.

거울 앞에 마주 선 우리
용서하리라 또 하루
다가드는 미움 자리에
이리도 아픈 사모가 얼비치는 것을

어지러운 세상의
온갖 욕심을 버리기 위하여

눈과 입, 귀를 닫아 거울을 바라보며
거울 뒤의 모습까지
볼 수 있는 혜안이 생긴다.
말갛게 씻기어 나간
물빛 고운 거울을 가질 일이다.

고개 숙인 해바라기 꽃

노인정 뜰 앞의 고개 숙인 해바라기 꽃
조그만 얼굴 잎사귀 뒤에 감추고
화려하지 못해서 숨어 피는가.
시들한 손바닥 잎 받쳐 들어 해를 가린다.

곁눈질로 담장 너머 기웃거리며
셀 수 없는 까만 그리움만
가슴 가득 심어놓았다.

노인정 들마루에 기대앉은 노인
먼 하늘에 눈을 준다.
귓불을 흔드는 소슬바람이 전하는 말
"기다리지 말아요.
한번 가면 그만 인 것을…."
싸늘한 한마디에 옷깃을 여민다.

노 시인의 출판 기념식장에서

미수의 노시인 시 선집 출판과 미술 작품전
기념식에 시낭송 부탁을 받았다.
시인이며 수필가 그리고 화가다
나무와 별과 새와 돌과 바위 사랑을 평생 그리고 쓰다.

하얀 모시바지 저고리와 옥색 조끼가
멋지게 어울리는 시인
세상을 날카롭게 바라볼 줄 알고
불의를 비판할 줄 아는
그의 시 세계에 사람들은 눈을 돌려주지 않았는가!
몇 십년지기 옛 동료들과 화가들
그리고 제자 후배 문인들
조촐한 기념식장은 썰렁했다.

평생을 험난한 예술의 길을 서슴없이
치열하게 걸어 온 원로시인
창밖에 시선을 떼지 못하며 무언가 기다리는
사슴 같은 눈길이 오래도록 출입문에 머물러있다.

봉제공장 미싱사

50여년의 서울 살이 청산
시골에 아담한 집을 지었다.
잔디가 깔린 정원이 있는 집
나무와 꽃을 심고 요모조모 이리 놓고 저리 놓고
생각속의 화가요 조각가요 공예가가 되어 꿈을 펼친다.
새들을 기다리며 꽃을 기르고
새들이 와서 놀 때면 같이 논다.

70초로의 노인답지 않은 천진함으로
꽃과 새와 강아지와 놀며
어린 시절을 되살려내는 생활방식이 정겹다

젊은 날 가장 아닌 가장이 되어
서울에 올라와 봉제공장 구석에서
잠이 부족한 눈꺼풀이 잠시 조는 동안
미싱 바늘이 여지없이 손가락을 물고
피가 흘러도 놓을 수 없었던 슬픈 멍에!
수없이 달아나고 싶은 현실을 외면 못하고

끝없이 돌리던 재봉틀 소리를
귓가에 아련한 추억으로 돌리며
이제는 접힌 꿈을 펼치는 봉제공장 미싱사.

사는 일

기댈 곳 없는 사유를
등 떠밀어 주는 그대가 있어
우울의 늪을 빠져나온다.

눈물샘 이미 마른지 오래인데
핑그르르 도는 뜨거운 눈물은 무엇인가
무거운 가슴에 자물쇠를 채운다.

어제를 생각 속에 챙겨 넣으며
어두워진 길을 더듬어간다.
밀어내지 않고 안아주는 6월 숲에서
다시 나를 만난다.

새벽 1

힘든 꿈에서 깨어나
안도의 숨을 쉰다.
꿈이라 다행이라 여긴다.

일어서는 새벽 숲
빛을 잃은 별이 숨고
꽃잎 몸을 푼다.

푸른 하루가 일어서는 소리에
해처럼 뜨고 싶은 소망
두 손 모아 받쳐 든 정화수.

새벽 2

어둠의 껍질을 벗기는
가로등 불빛이 희미해지며
아직 걷어 들이지 않은 달빛도
서서히 사라져간다.

안개등 이슬처럼 반짝이고
삐걱거리는 뼈마디도 일어나
제 자리 찾아들기 시작이다.

하루의 노동을 찾아
일력시장을 향해 치닫는 눈빛이 애처롭다.
한창 때의 닫혀버린 자존심
일으켜 세울 날 꿈꾸는가!

지난밤의 불면이 이마를 때리고
간밤에 쌓인 눈이
새벽의 싱그러움에 휘감겨 반짝이는데
해는 이미 높이 솟아올랐다.

소금이 되기 위해

물기 촉촉이 맞은 자리
하얗게 말라간다.
좀 더 마르기 위해
햇빛과 바람을 끌어들여
눈물과 함께 씹는다.

한웅큼 쥐었다 펴널은 주름살처럼
조글조글한 꿈의 알갱이들
긴 숨을 들이마신다.
숨을 쉴 때마다 욱신거리는
기억의 조각들

더듬고 떠나간 마음자리에
하얗게 찍힌 나의 발자국
한 톨의 소금이 되기 위해
짭짤한 사랑에 깊이 스며든다.

슬픈 시인

비가 내린다.
울적한 마음 한 아름 안고 거리로 나선다.
우산도 없이 걸을 수 있다는 것은
아직도 낭만이 남아서일까
몸에 해롭다는 산성비를 맞으며 걷는
50줄의 여자에게 보내는
사람들의 시선을 어떻게 받아들여야 할까?
흰 머리칼 듬성한
화장기 없는 여인은 초라하기 그지없으리라
철저히 초라해지리라 마음먹고 걸어 나간다.
받기를 달가워하지 않는 시집을
몇 십 권 떠맡긴 지 두어 달.
용기를 내어 시작한 책값 건이날
머뭇거리며 단골 서점에 들어선다.
서점의 문턱은 높지도 않건만
다리는 왜 이렇게 무거운 것일까
두두룩한 턱사장 눈치를 살피며,
웃음을 꽃처럼 피우며 인사를 한다.
경리 아가씨에게 미소도 한줌,

팔려나간 시집 값을 주는 대로 받아 넣는다.
차마 세어 볼 엄두도 내지 못한 채
민망함을 얼굴 가득 펴 널며
땀 밴 손바닥에 긴장을 꼭 움켜쥐고
거리로 나서는 피에로.
주머니에는 시인의 참담한 자존심이 꼬깃거리고
유리창에 잠시 비쳤다 스러지는 화려한 욕망.
아! 찬란한 꿈이여
혼신을 다한 시어들이 물구나무서는데
거리를 헤매는 등줄기는 흥건히 젖고
쇼윈도에 비친 모피코트의 촉감에
흠뻑 취하는 심사는 어찌하나
시집 몇 백 권쯤 팔아야 모피코트 값이 될까,
가늠하는 맹한 속을 씻어낼 수 없다.
곰탕 한 그릇 값이 되지 않는 시집을 사면서 슬프다던
어느 시인의 시 구절을 떠올리며
가슴이 따뜻한 사람을 만나고 싶다는 꿈을
속이 시린 사람들 속에 던져 넣는다.

시내버스를 놓치고

버스 정유소에서
평송 수련원 셔틀 버스를 내렸다.
513번 버스가 막 떠나고 있었다.
약이 머리꼭대기 까지 차올랐다.
차라리 좀 늦어서 못 보았으면 좋았을걸.
빨라지는 맥박이 가슴에 풀무질을 했다.

서산을 넘으려는 해
"기다릴 줄 알아야 해"
얼굴이 시뻘개져서 가르치고 있었다.
70km를 향해 달리는 인생인 걸
시간의 밀물을 어찌 막으랴!

나로부터 달아나고 싶은 서러운 바램이
놓친 차를 아직도 아쉬워하는데
버스 시간을 알리는 전광판에는
다음 버스 시간을 알리는 시간이
입력도 되지 않고 있다.

아침 해

등짐 하나 부려놓고 잠든 간밤
부스스 일어서
쓰러져 누운 나의 사유
일으켜 세운다.

하루를 깨우려는 햇살
창가에 와 나를 엿본다.
잠에서 덜 깬 눈을 비비며
열어젖히는 창 안으로 재빨리 들어서
내 얼굴에 환한 웃음을 뿌린다.

상쾌한 바람을 타고
달려들어 온 웃음
또 하루의 행복을 실어다 놓고
부지런히 일어선다.
푸른 꿈이 반짝 빛난다.

오후 한 때

버스 빈 자리
겨울 햇살이 들어와
다소곳이 앉는다.

한나절이 달린다.
자전거 바퀴살에도
햇살이 실려 간다.

바퀴가 돌 때마다
반짝 빛나는 순간의 빛
남은 희망의 줄기다.

우울증

비가 오면 맞고 맞으면 젖어
생각 없이 산다.
노래 부르며 산다.
춤추며 산다.
미움과 원망
기쁨과 즐거움
단추를 채우고 산다.

맥을 놓고 아득한 절망에
때로 눈시울 붉히며
간간이 생각나는 어머니 가슴앓이
자장가 가락으로 채운다.

한생을 비누로 씻고 문질러
가라앉아 버린 꿈 한줄기 거품뿐
감당키 어려운 기다림이다.

이끼의 꿈

계곡의 돌을 싸고 흐르는 물
퍼렇게 멍들어 바위에 더께로 낀다.
사는 일, 힘들다 투정을 하며 투덜대지만
한번쯤 돌아앉아 생각해보면
속상해 할 일만도 아닌 것
늘 젖어있는 가슴이니 메마르지 않아
촉촉한 가슴을 내보이며
척박한 세상살이 속에서
푸른 꿈을 펼쳐 보일 수 있지 않은가!

지하철에서

꿈의 빛깔 잎잎이 갈색으로 물든 사람들
스마트 폰에 꽂힌 눈길들
그리움을 반으로 접어
우표 없는 편지를 띄운다.

그 앞에서 양다리를 밴드로 매고
묵념하는 나이든 여인
심호흡을 하며 마음을 말끔히 비운다.
숨을 아낌없이 내쉬는 소리가 들린다.

그녀가 내리자
고요한 바다 한 자락이 밀려왔다 간다.

중년이여 안녕

이삿짐을 싼다.
한가득 쌌던 짐을 다시 풀고
한참을 생각을 뒤적이다 다시 싸고
몇 십 년 틀었던 둥지를 떠나는 아쉬움이
망설임을 끌고 간다.

반들반들 윤기 나게 쓸고 닦고 후벼 파도
찌꺼기 남는 미움들
버리지 못하며 뒤돌아보는 어리석음
반평생 개켜 넣은 세월의 더미
몇 덩이 보따리로 남았다.

버리기 시작해야지
저편 묵은 시간의 가닥부터 끊어내어야지
"예쁜 당신의 눈동자를 사랑한다."는
50년 전 동급생의 달콤한 얘기도
"곱게 늙는 모습이 여전히 아름답다."는
당신의 얘기도
달콤했던 우리의 첫 맹세도

한수레 가득
미련을 퍼다 버리며
떠나보내는 나의 중년.

칠순

바람에 조금씩 흔들리면서
등 떠밀려 여기까지 왔다.
산 정상이 보인다.
밑에서 바라보던
아름다운 풍경은 환상이었다.

자꾸만 뒤로 물러서며
눈치를 본다.
그리움마저도 자존심이라 여겨
비움의 가벼움을 모른다.

옛 추억을 이야기 할 때
얼굴은 활짝 꽃이 피고
과묵한 입가엔 미소가 한줌
어눌한 말 대신 간절한 눈빛이 말한다.

시든 꽃
낡은 우산처럼 버리지 못하고
행여 오랜 기다림의 끝에

뒤 늦은 사랑이 오려나.
철없는 칠순이 눈치 없이 기다리는 이 응석
구름이 걷히길 기다린다.

허수아비 3

사랑한다 함부로 말하지 마라.
믿을 수 없는 공허한 울림 한마디에
눈물 흘리는 일 없도록
흔들리는 마음이 없도록
속절없이 무너져 내리는 허깨비에게
사랑한다는 말 가당치가 않아
고개를 절레절레 흔들면서도
마음 다해 바라보는 한사람
마른 몸에 바람만 가득 채우고
사람들 욕심 채우기 위해
빈들이 되어도 지키고 서 있는 저 약속.

댄스 마라톤 대회

춤을 추어라 마지막인 것처럼

1920년대 말 미국은 실업자의 홍수가 나 생계가 걱정되다

호구책으로 엄청난 상금이 걸린 목숨 건 댄스 마라톤이 시작되었다

먹으며, 양치질 하며 ,상대편에 기대 잠자면서도 춤을 멈추지 않았다

한번 시작하면 가장 오래 남는 팀이 1등의 영예를 차지하는 춤의 세계

잠을 깨우고 싶으면 뺨을 때리고 서로 의지하며, 격려하며 부축하며…

그 자리에서 상대편을 만나 60일 동안 춤을 춘

한 쌍이 1등을 차지한 일부터 시작이 되어

미국 사회에 커다란 반향을 일으키며 이슈가 되었다

점점 과열된 대회는 1935년 90일 동안 춤을 춘 사람이 1등 당선되어

결국 죽음에 까지 이르면서 폐지가 되었다

대 공한 시대에 돈벌이로 유행되어 과열로 인해 터져버린 역사적인 에피소드를 남기다

최자영 시집

3부
11월의 산

등짐을 하나씩 부리며
무수한 나의 날들을 버린다.

가을 아침

커튼을 걷어낸다.
밖에 기다리던 것들이
부리나케 쏟아져 들어온다.
생각들도 화들짝 놀라 일어서
쳐들어오듯 숨 가빠지는
가을의 시작.

11월의 산

찬 서리에 상처 입은 나뭇잎
떨어짐이 서러워 붉게 달아오른 얼굴
덤불 속에 숨긴다.

시나브로 시들어가는 그리움에 얹힌 이름
이제는 가물가물한 기억으로 잊혀 가고
못 견디게 아파 너에게 달려가고 싶은 때 있었지.
지금은 모두가 시든 풀
숨어 지내려는 자존이 슬퍼
한밤중에만 내리는 달빛 속으로 숨는다.

푸른 생각은 떨어지고
잡념만 의식의 끝에 대롱인다.
흐르는 시간이 흘러간 시간을 부르고
이제는 비움이 시작되는가.
배부른 욕망과 헛된 꿈이 부서진다.

사는 일 힘겨운 산행
오르막과 내리막을 헤맨 수십 년

오르고 내리며 찍어놓은 발자국에
등짐을 하나씩 부리며
무수한 나의 날들을 버린다.
울울창창하던 숲 속 허망이 떨어져 나가
앞이 환히 보이는 민둥산의 허연 이마
바람이 할퀴고 지난다.

갈대

가누지 못한 그리움
가는 세월의 등에 업혀
하릴없이 흔들리고 있다.
손사래 끝에 너울대는 하얀 치마폭

유리창에 그림자 그렸다가 지우며
기차는 지나고
흘러가는 풍경너머 슬픈 몸부림
서걱이는 바람 소리에 묻혀 버린다.

장발을 풀어헤친 지조 없는 흔들림
바람과 구름과 산등성을 넘나들며
갈기갈기 찢긴 시간
허공에 날린다.

솜털처럼 가벼워진 나
하늘로 솟구쳐 오른다.

낙엽

놓아 주어야 한다.
연습이 없어도 이별은 오고
수채화 같은 인생도 퇴색된다.

사랑이 내리는 길 위에
시름없이 옷을 벗는 나뭇잎들
앞 다투어 몸을 던진다.
뿌리 잃은 희망의 끈을 놓는가.

주어진 배역은 끝나 가는데
어이 할거나 붉은 피는 솟고
자유를 꿈꾸는 가을 사랑
스쳐 지나는 바람이 냉큼 받아
붉게 타는 놀 빛 그려 넣는다.

낙엽의 말

갈바람에 나뭇잎이 흔들린다.
마른 가랑잎으로
차례를 기다리는 이파리들
진저리치며 바람을 피한다.

산고랑에 갇히어
철 따라 옷이나 갈아입으며
몸치장 해보지만
향기를 잊은 지 오래
구경하는 사람도 없다.

푸른 싹일 때가 있었지
잎사귀마다 반짝이는 이슬 달고
방자하게 뻗어나갔지
낭랑한 물결 속에서
출렁인 적 언제였던가.

두려움에 떨리기 시작한다.
속 깊이 뿌리내린

두 다리로나 버틸까,
쌓인 시간의 더미에
마른기침이나 쏟는 일뿐
하늘도 멀리 달아났다.

꽃은 지고
누렇게 뜬 얼굴
바람에 쓸려 떨어진다.
썩어서 거름이 되기 위한
이 기막힌 생존.

느티나무

외갓집 동네 버스정류소 앞
마을을 지키는 나이 지긋한 느티나무
고향 찾는 사람들을 환한 얼굴로 반긴다.

추억을 만들어 주고
친구를 만들어 주고
인연의 다리가 되어 주는
뒤늦게 티가 나는 나무

상처를 안고 돌아와도
언제나 같은 얼굴로
어루만져주는 주며
사람들의 하소연이나 소문
허물을 혼자 가슴에 묻고
속에서 곪은 상처가 덧 나
줄기 껍질을 비늘처럼 벗는다.

구름을 머금은 하늘이
회한에 젖어 울음을 쏟아도

툭툭 털며 그저 웃는 나무
운명을 믿으며 가로수로
마을을 지키고 서 있다.
늙고 거칠어져도 여전히 아름답다.

들국화 2

사랑을 되살리기 위해
무채색의 시간을 환원해
지나간 날들의 역사를 다시 읽는
어머니의 모진 일기.

길가 바위틈에 하얗게 피어나
뜨겁게 사랑하다 시들어간 향기
가을 하루를 추억으로 일깨운다.

한 가지를 생각하면
한 가지를 잊게 되는
어머니의 삶이 배어있는 바탕 위에
나의 그리움이 고스란히 얹힌다.

아직은 접어버리지 못한 꿈이 있기에
계곡에 숨어 핀 가녀린 몸 속
달콤한 기억 한 오라기 뽑아
시들어 가는 꽃잎에 눈물 비를 뿌려줄까.

태양과 같이 자고 숨 쉬고 일어나는 일상 뒤의
빈 들녘으로 남은 허무
한 잔의 찻잔 속에 은근히 우러난 국화 향
어머니의 향기다.
가슴이 따뜻해진다.

동백꽃

가장 아름다운 순간의 낙하
떨어져 밟히면서 빛을 발하는
미모를 자랑할 줄 모르는,
내 손 안에서 선연히 지고 있는
꿈길 비추는 초봄의 햇살.

서석대

오래전 무등산이 태어날 때
뜨거운 가슴을 식히느라
검은 돌기둥이 되었다네.

겹겹이 겹친 산 버들이
지나온 세월을 숨기고 펼치며
인생의 정답을 알려준다.

저무는 햇살 뒤로 나무의 긴 그림자가
이제 돌아가라 일러주는 시간
해질녘 노 시인의 뒤를 바람이 뒤 따른다.

숲에 기대어

기댈 곳 없는 생각의 줄기를
끌어주는 그대가 있어
잠시 우울의 늪을 빠져나온다.

이미 마른지 오래인 눈물샘에
핑그르르 눈물이 돌아
뭉클한 가슴을 쓰다듬는다.

다시 돌아가 보고 싶은 젊은 날
사유 바구니에 챙기며
어둔 길을 헤집어 간다.

밀어내지 않고 껴안아 주는 숲에서
다시 나를 만난다.

여름날에

산이 생각을 머리에 이고
눈 치뜨고 서 있는 한낮
바람도 잠들었다.

솔 숲 그늘
미동도 없는데
빈 운동장 가로질러
찌르르 울다간 유년
뛰는 시간의 그네를 탄다.

끝내 돌아 서지 못하는 미련
오도 가도 못하는
교차로에 서성거리고
채우지 못한 사랑
지열로 타는 여름날

타고 남은 재티 속
영롱한 그대의 말씀만
빛나는 옥돌이 되어
소나기로 쏟아진다.

지는 꽃

지는 꽃은 말을 삼킨다.
두 번 할 말 한번으로
한번 할 말 그대로 꾹 삼킨다.
삼키고 돌아서면 무너지는 가슴에서
"잘했어" 등 토닥이는 위로가 있다.

지갑을 열 때 웃음이 난다
빈 지갑이 아니길 다행이라 생각한다.
은신처 중의 우두머리 지갑
그러나 맹신은 버려야한다.
지갑 밖의 세상을 넘겨다본다.

지는 꽃잎을 책갈피에 고이 간직하는
소녀가 있다 소녀의 예쁜 손안에서
행복함에 젖어 환하게 웃는다.
추억의 길을 더듬어 여행할 수 있다.
지는 꽃도 예뻐 보이리.

진달래꽃

한곳에 피어있지 않다.
발길 닿는 흔한 곳에
나를 따라오며 피는
연분홍 환한 웃음.

설중매

이상 기온에 놀라 꽃망울을 터뜨리다
함박 눈 속에 묻혀
눈의 차가운 손잡고
폭설에 침몰되어 가는 한 몸 바쳐
봄을 부르는 기도의 노래 부르는가.

앙증맞은 입 꼭 다물고
향기 뽐내는 요염한 모습이
애처로워 다가서지 못한다.
인고의 아픔을
짧은 사랑으로 불태우는 꽃.

찬바람 눈비를 껴안으며
절개를 선언하는 조선의 넋
그윽한 향기 코끝에 대롱거린다.
내 안의 정원에 깊숙이 들어와 앉은
아픔 위에 다져진 찰나의 사랑.

첫눈이 오면

50년 전 약속을 지키려 눈 내린 기차역에 선다.
첫눈 내리는 날 만나자는 약속
진부한 약속이지만 그대에게 첫사랑이고 싶었지,
하얀 세상에서 하얗게 살고 싶었지,
이제는 약속도 희미한 기억 저편의 이야기지만
만날 그대도 없지만
나는 지금도 우연히 마주칠 그대를 꿈꾼다.
사랑을 꿈꾼다.

콩꽃

잎과 잎 사이
보랏빛 사유를 숨긴 채
한여름 뙤약볕을 받아
사랑을 완성한다.

바람은 꽃잎을 흔들어
더위를 식히고
오직 하나 사랑의 뜻 세워
열매를 익힌다.

콩

잡초더미에 얽히어
자식들 조롱조롱 매달고
좁은 자리 타박하지 않는다.

사는 동안 손길 한번 받지 못해도
밭두렁에 뻗친 손
부끄럽지 않아

바람결에 서로 얼굴 부비며
초가을 땡볕에 익어
타작마당 한 쪽에
꿈인 듯 생시인 듯
마른 몸으로 눕다.

허공 휘돌아 두드리는 도리깨질에
후독이며 매를 맞는다.
마당에 널려 진
내 여문 꿈이 사랑스럽다.

폭포

물줄기에 섞여 곤두박질 친
삶의 깊이를 스스로 알지 못한 채
내리박히는 일을 반복한다.

땅에 떨어지면서 바람과 햇빛에
서서히 적응되어 가고
불의를 바라볼 수 있는 눈이 틔어
살짝 비껴 내릴 줄도 안다.

나를 내던지고서야 쏟아져 풀어질 줄 아는
중용의 땅이 있음을 안다.
퍼져 나갈 수 있는 넓이와 깊이를 가늠하며
스며드는 기쁜 일

나에게 내려진
정지되지 않은 흐름을 받아들인다.

흰 눈

너무 깊어 가슴에 금이 간
더 감출 수 없는
무한비밀의 사랑

바람의 보챔에 조금씩 물들어 떨어진
갈잎의 타는 이마, 눈썹에
구석구석 피멍이 들고
풀벌레 울음소리 자지러지는데

기다리려네.
그대 돌아 올 시간
남몰래 떨어뜨려 놓고

대문 밖, 그대 자분자분 밟고 올
골목길을 쓸어놓고
기다리려네.
꿈 많은 내 잠속을 휘젓는 순백의 나라.

채송화

익은 가을이 흘리고 가는 햇빛을 받아
오색 꽃을 피우는 앉은뱅이 꽃
고향 텃밭, 고추 익히는
선들바람 한 냥 받아
시장기 겨우 면하고도
여유 있게 손사래 친다.

하찮은 말 한마디,
지나치는 소나기
키 큰 친구들의 웃음까지
그대로 넘기지 않으며
다 받아주고 화답해준다.

낮은 자리 더 낮추며
바닥에 납작 엎드려
세운 뜻 다지고 있으니
바람과 먼지까지도 너무 낮아
어쩌지 못하고 위로 날아가 버린다.

욕심도 불만도 없이
허투루 버린 시간을 주워
세속에 물들지 않은
순정한 눈빛으로 활짝 웃고 있는 꽃.

최자영 시집

4부
단전 호흡

기다림 너풀대며 춤추는 철새들
알 수 없는 섬을 찾아 나서고

간밤의 몸살을 지우고

욕심을 부리고 혹사한 날들 탓에
무너져 내리는 몸
한기로 돋아나 전신을 쑤시고 다니는 통증
밤마다 달구어진 쇠붙이가 되어 끓는다.
미워한 죄, 상한 마음 뜨겁게 태우지만
밤 새 앓고 난 아침은
전신을 들쑤시고 다니는
통증을 달래고 다스리어
험난한 삶의 길에 나서는 피에로
또 물처럼 흘러야 한다.

개찰구

하루의 무게 등짐으로 짊어진
웅어리진 절규
울컥 울컥 쏟아놓고 있다.

높은 목소리 낮은 발자국
어우러진 줄 가운데
기다림 너풀대며 춤추는 철새들
알 수 없는 섬을 찾아 나서고

일부인을 쾅쾅 이마에 찍은
말씀들이 떠나간 바다
썰물 후의 모래 벌에
그대는 덩그러니 혼자서서
추레한 나의 등덜미를 떠밀고 있다.

허수아비 하나
어딘가로 밀리고 있다
질긴 끈에 매달려 곡예를 하고 있다.

달

가시철망에
늙은 호박 한 덩이
똬리를 틀고 의연하게 앉아있다.

단전 호흡

들키지 않게 숨죽여
단전으로 끌어들인 산소와
몸 속 탁해진 숨을 서로 바꾸며
몸을 다스리는 시간

잡념은 금물이다
잡담도 금물이다
핸드폰 소리도 죽여 놓는다.

몰래 마음속에 숨겨 쌓아 놓은
미움과 원망과 욕심이
고개를 들 때
단전의 기운은 조각 나 버린다.

아무리 들키지 않으려 해도
뱃속 깊이 차지하고 앉은
잡념을 이기지 못해
숨쉬기가 힘이 든다.

고요히 받아들여야 한다.
무엇이 그리 대단하다고
신경을 곤두세우고 사나
삭이며 서서히 녹여 내릴 일이다.

대청소를 하며

겨울 아침 햇살이
마루 끝에 살짝 엉덩이를 걸친다,
달착지근한 미열을 쓰다듬으며
어깨 위 짐의 무게를 가늠한다.

먼지떨이 끝에 매달려 허공에 흩어지는
인연의 찌꺼기들 곤두박질치며
미움이나 원망을 우르르 쏟아놓는다.
가슴이 서늘히 맑아져간다.

하루의 찌꺼기를 말끔히 비우며
이별의 슬픔이나 만남의 기쁨을
끈끈하게 반죽해 과분한 일상을 씻어내면
나의 세계는 잘 닦여진 거울

거울 속에 비친 부끄러움 마주보며
새로운 희망에 거는 시간의 물굽이
굽이치며 흐르는 세월을 감아쥐고
어깨 위의 짐 내려놓는다.

물리치료

함께 한 시간이 길어
아픔마저도 정이 들었다.
고통과 희망을 어깨동무하고
지지고 찜질하며
형벌로 내린 인내를 배운다.

시든 풀에 물을 주듯
피돌기를 머뭇거리는 팔과 다리
주무르고 꺾고 늘인다.
혼자서기 힘든 세상
오뚝이처럼 서기 위하여

적외선 불빛
뼈마디 사이사이 스며들어
찬 가슴에 따뜻한 사랑을
순수를 다시 살리고
놀라 깨어난 붉은 피의
흐름을 불러준다.

미역

물결에 내 맡긴 검은 머릿결
소금기 털어내며
자유로운 하루의 소망을 내건다.

신열을 식히려 바닷물 밖을 넘겨다보지만
바다는 늘 끌어들이고
숨이 막히는 미역은
비린 슬픔 가닥가닥 씻어내
펄펄하게 살아내려 안간힘 쓴다.

출렁이다 무너지고 마는 나의 오기
물 밖을 꿈꾸지도
속을 저린 이름 하나 불러보지 못한 채
끈적이는 몸을 추스른다.

밥 심으로 산다

어려서는 몰랐다.
배가 고프긴 했지만
힘이 없진 않았다.
여러 식구가 두레상에 앉아 양푼에 비벼먹는 밥
몇 번의 수저질로 끝이나 늘 배고프긴 했어도
공부도 운동도 그림도 잘 했다.

나이를 먹으니
"늙으면 밥 심으로 산다."는 얘기를 자주 듣는다.
때 거르지 않아도 늘 힘이 없다.
배고프지 않고 소화도 잘되지 않는다.
밥 심으로 산다니 배가 고프지 않아도 먹어야지
그래야 산다지.

오랜만에 만난 친구에게 "밥 한번 먹자"
밥을 먹으며 고향집 평상 위에 앉는다.
마당가 닭장의 닭들이 잘 준비로 횃대에 오른다.

나도 누군가의 밥이 되고 싶다.

병상에서 2

미명을 데리고 하루가 일어선다.
기회만 노리던 불면은 신이 났다
식은 땀 속에 갇힌 몸 구석구석
실핏줄까지 깨워 일으킨다.

뼈마디 사이사이 아픔이 들어와 채운다.
밤사이 보채던 꿈과 어지러운 불빛
떠오르는 햇살에 흩어져 날린다.

잠시의 휴식에 긴장을 풀어헤친 휠체어
나사를 다시 조여 고단함을 떠맡는다.
사는 일, 휠체어 방향을 잡아 운전하는 일
곧은 길 구부러진 길 장애물을 피해 다녀야 한다.

쓸쓸한 황홀에도 어느덧 길들어
검은 장막은 걷히고
사유도 접어두어야 하는 시간
생살 돋는 아픔도 일어선다.

병상에서 3

한 뼘쯤 남은 햇살이
병실 창틀에 머물러
남은 희망의 올실을 뽑아낸다.

산골짜기마다 산 그림자 내려놓고
휘적거리며 오고 있는 저녁
추워서 파랗게 멍든 하늘에
어둠을 부리고 간다.

하루는 가고 오는데
앞만 보고 날던 갇힌 새
어둔 하늘을 향해 소리친다.
내일을 위한 소멸이라고
유리창만큼의 하늘만 바라보며
보이는 하늘만큼의 꿈을 꾼다.

쓰라린 기억마저도 아름답게 비추는
하루의 시작 점 새벽녘
살다버린 생각마저 주워들고 싶다.

빨래터의 추억 2

바람이 아이 따라 미역을 감는 시냇가
까맣게 익은 아이의 등에
8월 햇살이 내려앉는다.

오고가는 정담,
떠 벌어지는 뜬소문
바지랑대 양 어깨에 걸려 펄럭이고
낮잠에서 깨어난 소의 느린 하품이
하늘을 향해있다.

황금 들판을 놀이터로 삼은 새떼들
허수아비 머리에 앉아도 보고
어깨를 간질이며 장난을 청한다.
빨래 방망이 소리에 삼베적삼 앞섶의
잔 설음 훌훌 털려나간다.

손빨래를 하다

죄를 묻히며 세월을 휘감고 다닌
여러 벌의 허물을 빤다.
낡은 주머니에 갇힌 오소소한 설움들
추워서 떠는 남루한 슬픔을 문지르면
새하얗게 되살아나는 본래의 색과 모양이
천진한 웃음으로 되살아나
경쾌한 수돗물 소리는 새의 노래가 되어
가슴 속 얼룩을 말끔히 지운다.

펄펄 살아나는 고향의 냇물소리 들리고
박자가 잘 맞는 방망이 소리도 들린다.
다시 살아나는 새하얀 웃음들
모여든 그리움 한줌 한줌에
촘촘히 정을 주며 설렘을 걸러내 널면
일상의 잡념들이 펄럭이며 하늘로 날아오른다.

손톱

시간이 빠름을 먼저 아는가
손톱은 어느새 길게 자라나있다.
자고새면 시작되는
걱정이나 잔 근심
눈에 거슬리는 이 고통의 뒤끝은 무엇인가?

닳고 닳아 울퉁불퉁한 손톱 밑
때 낀 미련은 쌓이고
손톱 깎기로 여분을 잘라낸다.
잘려진 손톱들이 방바닥에 흩어져
소리 없는 아우성을 지르고

나의 염원도 이제 결별한 시간인데
아직도 버리지 못한 욕망이
손톱 끝 아픔으로 자라나
눈치를 보며 크고 있다.

완탕면

구름처럼 술술 목구멍을 넘어간다.
인생은 애매한 것
이것도 저것도 아닌 어정쩡한
당신과 나의 관계
그래도 어느새 목에 넘어가 버린 국수가닥
흡수시키듯 당신의 사랑의 말
삼켜버렸다.

요가 시간

내 몸이 제 자리를 찾아가기 위해
뒤집어 서기를 하며
바닥에 머릿속 생각을 쏟아놓는다.
참 많은 죄를 이고 다녔음을 깨닫는다.

가부좌를 하고 앉아
조용히 눈을 감고
점잖은 조선의 양반이 되어
속에 들끓는 잡념에 얼굴 붉히며
부끄러워하는 시간

내 몸이 제자리를 찾아간다.
고요한 순간이다.
전신이 가볍게 풀어지며
나를 송두리째 내 보인다.
땅으로 스며든다.

입원실에서

미명을 데리고 하루가 일어선다.
기회만 노리던 불면은 신이 났다
식은 땀 속에 갇힌 몸 구석구석
실핏줄까지 일으켜 세워야지.

서늘한 일상이 수런대며
깨어나기 시작하고
밤사이 보채던 꿈과 어지러운 불빛
떠오르는 햇살에 흩어져 날린다.

잠시의 휴식에 긴장을 풀어헤친 휠체어
나사를 다시 조이며 고단함을 떠맡는다.
사는 일, 휠체어 방향을 잡아 운전하는 일
곧은 길 구부러진 길 장애물을 피해 다녀야지.

쓸쓸한 평화에도 어느덧 길들어
검은 장막은 걷히고
사유도 접어두어야 하는 시간
생살 돋는 아픔도 일어선다.

정형외과 병동

식은땀을 흘리며 배식 받은 음식을 먹는다.
먹어야 산다고
멀쩡한 내장은 밥을 불러들이고
웃어도 통증을 느끼는
다리를 펴고 배를 불린다.

어지러운 생각이
복잡한 네거리 같은 생활
기쁨이나 미움 따위
아무렇게나 접어둔 채
먹고 자고 또 먹고 자고
허리만 키운다.

시끌시끌한 병실 밖 소리에
무료를 달래며
비몽사몽 헤매다 또 배를 불리고
휠체어에 남은 꿈을 싣고
영양제와 항생재병을 대동해
화장실을 드나들며 날밤을 새우는 날들

문병객의 롱코트와 굽 높은 구두 굽을 보며
내 것인 양 꿈꾼다.

빨래터의 추억 3

잔설을 이고 앉은 산모롱이
기차가 지난다.
바람도 모르는 외진 산골짝
겨울 햇살 한줌으로 짚더미에
사랑의 불을 지피고
아낙들은 잡다한 생활을 풀어놓는다.

이끼 낀 돌 위에
고단한 삶을 두드리는 소리
먼데 산이 답을 하고
얼음장이 큰 소리로 답하며 깨진다.

빨래에 배인 묵은 겨울을 짜내면
하얗게 되살아나는 순수
텅 비어진 가슴에
한 아름 봄을 펴 담아 돌아오는 논둑길
머리 위 빨래 함지박엔 눈꽃이 피어도
아낙들의 이야기 소리는 끝날 줄 모른다.

아이들은 빨갛게 쥐불을 놓고
잎 진 나목에 까치 한 마리
성급한 봄소식을 전한다.

퇴원하면서

어둠 속 눈빛만으로
아침 햇살을 찾아 떠난다.

맨발로 달리던 안개는 잠이 들고
자장가처럼 되살아나는
황홀했던 순간만을 추억하면서

몇 방울의 이슬에도 축복을 거는
간절한 기도
풀잎으로 흔들리는 신음을 꿰매며
환상의 바람이 되어
닫혔던 문을 열고
병동을 나서는 한 마리 새
눈부신 비단구름으로 떠오르고 있다.

호우주의보

100 몇 년 만의 폭염이라 불리는 더위 속에서
비를 기다린 것이 얼마였던가!
뒤늦게 천둥이 폭우를 알린다.
검은 구름에 갇힌 채로 얼굴을 감추고
우울한 숲 속에 검은 그림자로 다가선다.
저기압으로 하늘은 낮아지고
길 잃은 길들이 물속에 잠겨버렸다.
모든 그리움들 닫아버리고
채찍을 든 바람에 실려
하늘이 울음을 쏟아놓고 매몰차게 돌아선다.

5부 나의 애송시

귀 열린 오솔길에
산 그림자 벗어놓고

가을 비

서두르진 않으마
넉넉하진 않으나
감아 둔 타래 풀어내듯
시름없이 내리마.

적시며 녹이며
마른 소리 챙겨
새 길이라도 틔우는
종종걸음이게 해주마.

귀 열린 오솔길에
산 그림자 벗어놓고
도랑물 흐르듯
내 망설임도 흘려보내마.

살아갈수록 깊어지는
내 주름살
타고 내리는 찬 기운
그러나 서두르진 않으마.

강

강은 내 안에 줄기를 뻗어 흐른다.
사유 속을 흐르고 사유 밖으로 밀려 난다.
지치지 않는 희망의 물줄기로
가슴 한복판을 가로 지른다.

버리고 버려도 흘러넘치는 사랑
태어나고 소멸하는 갈등의 자리에
눈부신 노을을 타고 귀의 하는
유연한 속살을 훤히 내보이는
강의 명징함이여!

깊은 울음을 떨어뜨리며 물새는 날아가고
내 보일 수 없는 꿈은
물 속 깊이 숨소리마저 감춘 채
꿈쩍 하지 않는 바위 툭툭 쳐본다.

갱년기 3

낡은 주머니 속에
지난날의 부스러기만 남아
기차표처럼 만지작이며
깃발 펄럭이는 길을 가다
간이역에 멈춰 서
시간이 쉬다 가길 바라네.
꽃이 지는 울고 싶은 저녁.

거울 앞에서

화장을 지운다.
물처럼 흐르는
근심의 줄기를 꺾는다.

푸른 잎에 스며들어
옥죄이는 주름살의
가랑가랑한 목소리
시간의 이끼를 뜯어낸다.

저 잡티 투성이
손수건 흔들며
밤은 비를 내리고
소금기 절은 눈에 질금거리는
내 비망록
어디서 후줄근히 젖고 있을까.

미움을 지운다.
덧바른 겉치레
향기에 절은
이름을 벗어 놓는다.

그리움 1

서두름의 발목잡고 매달리는
눈 먼 굴레

스스로 쌓은 울타리 안
노라의 노래에 숙명처럼 매달린 끈

오수 자투리까지 들락거리는
말없음의 느낌표

끊을 수 없는 그림자
몇 점의 풍문 남겨놓고

그는 지금 구름으로 떠돌며
천둥이 되려 한다.

그리움 2

텅 빈 간이역에 머물다 가는
바람의 여윈 뒷등
망망하게 바라보고 서서
제 그림자 걷어 들이는 일
연습해도 연습해도
마침표는 찍을 수 없네.

나는

내 탓이오 후회하며
또 탓을 만드는 여자

갠 날 흐린 날
표정이 없는 여자

늘 지각해
혼자 달리는 꿈을 꾸는 여자

맨발인 채 헛디딘 시간 밖을
서성이는 여자

자라는 슬픔을 아파하면서
그 슬픔의 등을 쓰다듬는 여자.

내 안의 그대

재가 되기엔
너무 뜨거운 숯이었지
불이었지.

입김 불어 다시 살릴까
부채질해 다시 피울까
간간히 무너지는
너의 모습 흐려 질까봐
밤새워 거울을 닦고 닦았지.

늘 그 자리
비껴 설 줄 모르는
눈빛은 말이 없고
나 또한 물러서서 바라보라 이르는
화석이 된 내 안의 그대.

덧없는 약속이지만
간절히 그대를 부를 때
스스로 하나 되어
안녕이라 말하지 못하네.

누군가를 그리워하는 일은

흐린 눈으로
세상을 바라보는 일
보이지 않는 것은 그대로
보지 않는 일은
행복하다.

무엇인가 누구인가
기다리는 일
누군가를 만남보다
누군가를 그리워하는 일은
행복하다.

살아 온 날들 살아 갈 날들
모두 기다림 아니고 무엇이랴.
바라거나 바라지 않거나
해야 할 일 남아있음이
행복하다.

단상 5제

진눈깨비

늦잠에서 소스라치게 놀라 깨어난 아침
하늘은 울상을 짓고
시간은 뒷걸음질 치고 있다.

먹구름

못 다한 말
까맣게 멍이 들어 죽어서
하늘나라 떠다니는가!

비

속살을 어르며 불어대는 피리소리였다가
한바탕 불춤으로 쏟아내는 가슴앓이였다가
거울에 말갛게 다시 보이는 세상살이.

놀

선뜻 떠나기 미안해
머뭇거리던 그대
미열로 식은 땀 흘리더니
빨간 손수건 떨어뜨리고 떠났구나.

딸기

어둠 밝히려
조막 주먹에 불 켜들어
풍요로운 세상 땅 위에 펴 널었다.

만추

설핏 설핏 이승을 스치는 눈발
내 죄의 목에
무거운 칼 하나 씌우고

서걱이는 억새풀
마른 소리로
빈들에 쌓인 좌절을 쓸어내는데

빈 마음 널어놓고
부슬 부슬 헐려나가는 예배당
나의 예수는 어디로 가나.

무밭에서

세상도 볼 줄은 알아야 하느니
뜨거움 하나만 해도
단단하고 매끄럽게
잔뜩 흙 내음 묻혀야 하느니
땅 속 깊이
번개와 천둥, 서리와 안개
소낙비마저 감추어 두고
오직 하나
사랑의 뜻 세워
몸 일으켜야 하느니
은혜의 뙤약볕에
더펄머리 사례치며
스스로를 익히는 법
내 다 볼 줄은 알아야 하느니
세상 사는 법도
또한 배워야 하느니.

새치를 뽑으며

허물고 싶었네.

뽑아도 그 자리
그대로 와 앉는 가시
살아있음의 잔가지들
떠나보내고 싶었네.

손을 튼 채
잠들지 못하고 서성이는,
문득 돌아와 떠는 어지럼

불씨 하나
깊이 감추어 두고
저려 하는 깨달음은

아
이제야 알겠네.

무수히 찢겨 나간 시간의
저 허망의 벽을 뚫고
강물에 뜨는 내 그림자임을,

허물고 싶었네.

샘터에서

비늘을 벗긴다.
살갗이 환하게 드러나도록
칼날 세워
하얗게 아침을 벗긴다.

퍼덕이는 새떼로
바람은 새벽녘
눈을 비비며 날아올라
떠나는 사람이나 머물 사람들
하루치의 은혜를 골고루 얹어주고

한 가닥 인연의 줄을 거머잡고
가슴마다 풀다가
자리를 찾아
다시 제 곳에 앉는다.

퍼내어도 마르지 않을 샘터
그 안에도 하늘은 있어
별이 쉬고
달이 쉬고

이 가슴 언저리에
한 그릇의 생수를
푸짐하고 싱그런 물줄기를
잃었던 얼굴 하나로 젖게 해준다.

이웃

고향 집 탱자 울
사립 위에 제사 밥 얹혀 오던
인정의 바람 소리
어디로 갔나.

한을 접어 넣어
생애를 꿰매던
할머니의 허기는 사라졌지만
시대의 아픈 생채기
어루만질 가슴에
촘촘한 단추를 달고
달팽이처럼 웅크리기 시작했지.

하늘로 치솟는 자만
물구나무로 서서
우리가 닿을 수 없는
세상 한쪽을 흘겨보면서
단단한 인연의 줄을 끊어버린
높은 담장
독한 향기로 몸 푸는

장미가 지키고 있다.
텅 빈 가슴을 찌르고 있다.

손톱 밑 가시의 아픔만을 확인하며
바깥세상엔 곧잘
눈을 감는 이기심이여,
가슴에 매단 자물쇠가 무거움을
알아야 하리.

못 견딜 그리움으로 보채다가
못 견딜 미움도 없애버리는
맵고도 힘찬 피의 진함을,

기억을 잊기 전에 다시 화해하고
물이듯 어우러질
섭섭잖은 우리들의 결별이,

가만히 사랑에 눈 떠
진한 아픔으로 차오르는
사랑이여.
기쁨이여.

잔설

서두르지 말 일이다.
설중매 얕은 가지 밑
타이르지 못한 미움
슬그머니 녹일 일이다.

함박눈 이고 앉아
차가움을 녹이며
서둘러 봄을 부르는 짧은 사랑

내 안의 정원에 깊숙이 감추어진
묵은 설렘을 꺼내들어 보지만
미동도 하지 않는다.

시장기 베고
다락이나 올려다보던
그래서 더욱 태평한 세월
내 섭섭함도 끌어다 묻을 일이다.

변덕 많은 날씨거나

나뭇가지 파고드는 서성임의 한 때
이제 겉옷도 거두어다
덧칠의 모든 것 지울 일이다.

이렇게 내 서두르고 있는 것은
다람쥐 같게 봄에 걸린 빗
추리고 가는 일
슬그머니 일어설 일이다.

추억 속의 향기

그대와 마주 앉은 강변 찻집
곡명을 알 수 없는 피아노 선율에
귀 기울이지 못했네.
서로의 깊은 속 헤아리기 절절하여

마주 앉음으로 기쁨이 되는 사람
안개 속을 걷듯
속으로만 침잠했던 시간들
낙엽의 서걱임 소리 들으며
그대의 슬픈 소식을 들었지
헤어짐이 우리의 뜻이 아님을
서로 만날 수 없음이 우리의 뜻이 아님을

마주앉지 못한 홀로의 자리에
커피 향이 녹아들고 있네.
가라앉은 추억의 조각들
찻집 창틀에 눈발로 와 멎고

잿빛 가을 하늘을 끌어내리는

따스한 그대의 체온으로
한스픈의 기억을 녹여
그리움을 마시네.

30년 시간의 강을 건너
스무살 가시네로 다시 선 강변
외면했던 그대의 눈길
이제야 정면으로 바라볼 수 있네.
눈 쌓인 겨울 강을 바라보던 눈
비로소 같은 방향으로
영원히 향해둘 수 있네.

은근한 무게로 다가와
넉넉한 안식이 되는
이 향기 내 사랑.

토요일 오후에

고갤 저었다
접어두었던 생각
하찮은 기억들마저 부추겨
머릴 가로저었다.

언제나 채울 수 있는 잔
몇 방울의 물
그러나 내 기다림은
하루해를 멀찍이 앉게 했다.

반쯤 허리를 뻗은 늦 햇살
그림자도 무릎에 엉겼다
등 뒤에 너를 세운다 한들
부질없는 약속인 것을

어린 날
사금파리로 출렁대던
하늘 한 끝도 깨어져나가
나는 혼자가 되었다.

오, 그대
나도 그대마냥
고갤 마주 젖는다.
끝내 돌아서지 못함의
이 토요일 오후엔.

혼자 가는 길

비, 안개를 타고 축제를 벌이던
꽃잎이 진다.
안개는 클래식 선율 속으로
그대를 놓아 보내라 한다.
공중으로 뛰어오른 해
쓸데없는 아집을 버리라 재촉한다.
그대는 내게 지울 수 없는
아픈 꽃인 것을
서러운 슬픔인 것을
허물어지는 사랑
이슬을 털듯
도시의 야경처럼 빛나던
추억의 불빛을 끄기 시작했다.
아직 남아 있는 햇살 속으로
혼자 가는 길
비로소 손잡기 시작한 허무
비워짐이 가벼움이란 것을 알아간다.
하지만 어이 할거나
아직도 철없이 신열에 들떠
빨갛게 달아오르는
내 사랑을.

분수

진실의 명주 올을 잦고 싶어라.
청청한 천 갈래 만 갈래 길
욱일승천 하다가
보이지 않는 바다 한쪽 보기 위해
솟아오르고 싶어라.

눈부신 빛살을 식히며
떠도는 신열
시린 물줄기로 솟아
소금기 절은 나날
별로, 달로 뜨거운 목숨으로
망울져 내리는 아픔

비로소 승화하는
수천수만의 푸른 날개
생성의 기쁨으로 날리는 꽃가루인가,
따가운 빛살
정수리를 차고 쏟아지는 발원인가.

■ 후기

제 8 시집을 내면서

시집 후기를 쓰겠다고 습작 노트를 펴놓고, 볼펜을 쥐고, 이번처럼 무엇을 쓸까 고민한 적은 없었습니다.

노트를 접기 몇 번 이렇게 막막해지기도 하는군요.

글쓰기가 점점 두려워짐은 이제야 겨우 철이 들어가기 때문일까요?

초등하교 시절부터 매일 일기를 쓰듯 글을 쓰면서 나는 커서 작가가 되겠다는 생각을 별로 하지 않았던 듯싶습니다.

그저 좋아서 썼고 백일장이나 공모전에서 늘 상을 받으면서 그저 그러려니 일상으로 넘겼습니다.

시집살이에 쉴 틈이 없어지자 더 글에 매달리게 되었고 늦은 40의 나이에 시인이 되어 어느새 30년이 넘어 8번째 시집을 엮으면서 글 쓰는 일이 두려워짐은 내면에서 소리치는 사유를 풀어내야 한다는 진정성에 닿아져 있기 때문입니다.

낙엽이 쌓인 갑사 숲을 거닐면서 학창시절의 추억을 꺼내주는 낙엽들에서 느낄 수 있는 쓸쓸함 위에 충만한 행복을 느끼고 있습니다. 외로움을 느낄 새 없이 바쁘다는 이유가 행복의 조건이기 때문입니다.

2018년 새해 벽두에 낸 7번째 시집을 내고, 방송 일을 하는 동안, 문학 외적인 일에 마음을 빼앗겨 뒷전에 밀려나 있는 글에 가까이 갈 수 있었던 계기가 되었습니다.

글에 좀 더 매진하고 싶다는 초심을 다시 찾을 수 있음이 행복합니다.

자성의 채찍을 스스로에게 던지며, 8번째 시집을 조심스럽게 내놓습니다.

부칠 수 없는 편지

최자영 시집

발 행 일 | 2018년 12월 19일
지 은 이 | 최자영
발 행 인 | 李憲錫
발 행 처 | 오늘의문학사
출판등록 | 제55호(1993년 6월 23일)
주　　소 | 대전광역시 동구 대전로 867번길 52(한밭오피스텔 401호)
전화번호 | (042)624-2980
팩시밀리 | (042)628-2983
전자우편 | hs2980@hanmail.net
카　　페 | cafe.daum.net/gljang(문학사랑 글짱들)
cafe.daum.net/art-i-ma(아트매거진)

공 급 처 | 한국출판협동조합
주문전화 | (070)7119-1752
팩시밀리 | (031)944-8234~6

ISBN 978-89-5669-971-4
값 9,000원

* 이 책은 교보문고에서 E-Book(전자책)으로 제작 · 판매합니다.
* 잘못 제작된 책은 바꾸어 드립니다.
* 이 책은 대전문화재단 과 대전광역시 에서 사업비 일부를
지원받았습니다.